VILLE DU MANS

SERVICE SPÉCIAL DES GRANDS TRAVAUX

CONSTRUCTION DE LA RUE DU TUNNEL

OBSERVATIONS

Présentées par M. VARENNES *sur les différents paragraphes du* Mémoire *de* M. JULIEN, *lu au Conseil municipal le 16 juillet 1875.*

LE MANS

TYPOGRAPHIE ED. MONNOYER, PLACE DES JACOBINS.

1875

CONSTRUCTION DE LA RUE DU TUNNEL

Explications et observations demandées par lettre de M. le Maire, le 20 juillet 1875, sur le Mémoire lu au Conseil municipal, le 16 du même mois, au sujet des travaux du Tunnel, par M. JULIEN, Conseiller municipal.

Je vais suivre les différents paragraphes du Mémoire et consigner en regard les observations demandées.

Pages 1 et 2. — Exposé.

Pas d'observation à présenter.

Page 3. — Historique.

Pas d'observation à présenter.

Page 4. — Service spécial des Grands Travaux; la rue d'Accès et le quai étaient en partie exécutés au moment de l'occupation allemande. — Un certain cube de déblai était déjà enlevé sur le Tunnel.

Au moment de l'occupation allemande, l'exécution des Grands Travaux était à peine commencée; la troisième partie de l'égout du Quai était seule mise en œuvre; les dates suivantes donnent la chronologie des travaux :

		Dates de l'adjudication.		Dates de la réception provisoire.
Quai de la rive gauche.				
Égouts	1re partie,	25 octobre 1870.	—	30 septembre 1871.
	2e —	6 août 1872.	—	31 mars 1873.
	3e —	21 janvier 1872.	—	31 octobre 1872.
Chaussée.		17 Décembre 1872.	—	30 juin 1874.
Mur de soutènement.		16 juin 1873.	—	30 juin 1874.
Rue d'Accès.				
Égouts	1re partie,	12 février 1872.	—	31 décembre 1872.
	2e —	1er juin 1872.	—	31 décembre 1872.
Chaussée		12 août 1872.	—	31 décembre 1873.
Voies raccordées (1re partie),		26 octobre 1872.	—	30 novembre 1874.

On voit par ce tableau que la presque totalité des ouvrages des Grands Travaux ont été exécutés après l'occupation allemande, pendant les années 1872, 1873 et 1874.

Quant au certain cube de déblai enlevé sur le tracé du Tunnel, il a été effectué de octobre 1870 à septembre 1871.

Pages 4 et 5. — Cet état de choses dura jusqu'au 16 juin 1872, etc., changement de direction.

Pas d'observation à présenter.

Page 6. — Avis du Conseil des bâtiments civils.

Le Conseil des bâtiments civils était d'avis : 1° de renoncer à l'établissement des boutiques; 2° de construire un soubassement sans ressauts, terminé à 1m50 ou 2m de hauteur par une forte cimaise; 3° de couronner les piliers par un fort bandeau continu, suivant la pente du Tunnel; 4° de continuer les contreforts en saillie, sous le cintre de la grande voûte du Tunnel. — Cet avis ne se bornait donc pas à des modifications de détail, il demandait un remaniement notable du projet.

Pages 7 et 8. — Travaux exécutés; les modifications portent l'augmentation totale des dépenses au chiffre de 433,487 francs 69; les 100,000 fr. d'acquisitions upplémen taires et dommages aux propriétés résultent de la mauvaise direction donnée aux travaux.

Par un rapport en date du 12 janvier 1875, j'ai fait connaître que le montant des travaux supplémentaires estimés 320,000 fr. se décomposait en deux parties : l'une de 100,000 fr. résulterait des modifications imposées par la force des choses, l'autre de 220,000 fr. aurait été la conséquence inévitable de l'exécution du projet approuvé.

Quant aux 100,000 fr. d'acquisitions supplémentaires d'immeubles ou de dommages causés aux propriétés, ils ne peuvent pas non plus être attribués à la mauvaise direction donnée aux travaux; je démontrerai plus loin que cette direction par une attaque centrale était la seule possible, et que les deux attaques latérales auraient entraîné les dommages aux propriétés dans des limites incalculables.

Du reste, la somme de 433,487 fr. 69 résulte de prévisions largement établies, elle pourra être réduite par des rabais ou des travaux ajournés, tels que les arcs renversés projetés sous la chaussée du Tunnel.

Page 9. — Le sous-dossier.

Pas d'observation à présenter.

Page 10. — Tranchée centrale ou cunette, d'abord trop profonde; hésitations; cette tranchée centrale est la faute qui devait avoir les plus funestes conséquences pour les intérêts de la Ville.

Comme première attaque, la hauteur de la cunette était limitée par le profil de son plafond établi à près de 3 mètres au-dessus de la chaussée du Tunnel; et par le niveau des déblais effectués en 1870-1871 (niveau tracé par une ligne noire sur le profil du projet, pièce n° 3 du dossier approuvé le 31 mai 1873).

Tout terrassement au-dessous de cette ligne noire était impossible avant l'ouverture de la cunette; ces déblais supérieurs auraient en outre compromis la stabilité des maisons riveraines. — Dès que la cunette a été terminée, nous avons alors été dans la possibilité de fouiller les éperons, de construire les piliers venant donner un point d'appui aux propriétés riveraines; et avant toutes choses d'établir les butées en plâtre qui permettaient de soutenir ces propriétés.

Sur ce point je dois ajouter que, lorsque l'avancement de la cunette était retardé, soit par des éboulements, soit par les passages difficiles de la rue des Chanoines et de la Grande-Rue, il fallait occuper les terrassiers et les boiseurs sur un autre atelier. Nous avons alors ouvert la partie supérieure de la cunette entre la Grande-Rue et le pont du Rempart sur une profondeur de 2 à 3 mètres, en donnant ainsi de l'avance au percement de la cunette, laquelle était notre base d'opération ; le transport des déblais étant impossible, ils ont été rejetés sur berge à droite et à gauche au-dessus de la ligne pleine du profil susdésigné. — Aussitôt que les transports par la cunette ont été organisés, il a fallu reprendre ces dépôts provisoires et il n'a pas été tenu compte de ce remaniement à l'entrepreneur.

S'il y avait eu de l'hésitation, les travaux du Tunnel n'auraient pas marché avec la sécurité et la rapidité constatées par les rapports journaliers ; de octobre 1873 à décembre 1874, on a posé les bases de l'ouvrage, exécuté une bonne moitié du travail et dépensé plus de 320,000 fr., sans autre accident notable que l'effondrement de la fouille 43.

Les lignes suivantes vont, je l'espère, faire comprendre que l'attaque centrale n'est pas une faute, et par conséquent qu'il n'y a nullement lieu de lui attribuer des conséquences funestes pour les intérêts de la Ville.

Page 11. — Mode d'exécution prévu au devis.

Les minutes du projet de Tunnel ont été préparées par le conducteur Vanberten antérieurement aux déblais exécutés en 1870-1871. — Les deux profils ci-joints (Pièce n° 1 des Annexes) indiquent en jaune ces déblais effectués ; en rose, la section de la cunette ; en terre de Sienne, les deux tranchées latérales primitivement projetées ; en gris, le massif central qui aurait été conservé entre ces deux tranchées : le vieux Tunnel est haché en noir dans l'angle inférieur gauche de ce massif.

A première vue, sans explications, ces profils font ressortir les avantages de la cunette centrale. — En supposant même que les déblais de 1870-1871 n'aient pas été enlevés, la cunette serait encore le procédé le plus rapide et le plus économique, son peu de largeur rend le boisage plus certain, son peu de section rend l'avancement plus rapide, son plafond restant au-dessus du vieux Tunnel diminue les chances d'éboulement causées par cet ancien ouvrage.

La tranchée latérale de gauche aurait passé tout aussi près du vieux Tunnel que la cunette, avec cette différence que son plafond se serait trouvé à un mètre et demi en contre-bas de celui de l'ancien Tunnel.

Avec les tranchées latérales, les étrésillons des boisages auraient atteint une longueur maximum de 8 mètres : comment manœuvrer ces énormes charpentes au milieu de l'embarras des déblais et des étais?

Dans ces immenses coupures ayant 150 mètres de longueur, 7 à 8 mètres de largeur et jusqu'à 20 mètres de profondeur, on n'aurait pas été dans la possibilité de poser le premier moellon avant l'achèvement complet de la fouille ; de semblables précipices creusés à pic au pied des propriétés riveraines sont sans exemple, les immeubles Piolin, Boisseau, Bigot, Nimier, Leroy, Bisson, Loiseau, Gagnot et Gaude, que nous avons épargnés, auraient été certainement compromis; de nouvelles acquisitions ou de nouveaux dommages seraient venus s'ajouter aux 100,000 fr. dont il a été question plus haut.

Si un effondrement partiel était survenu dans une tranchée ouverte suivant des dimensions aussi considérables, on peut bien supposer qu'il se serait étendu au delà de toute prévision pour devenir une catastrophe.

Le système des tranchées latérales n'aurait pas permis de construire l'empattement en maçonnerie que nous avons placé en avant des fondations de piliers pour consolider l'arête de renversement. — Aux réservoirs de Passy, ce genre d'empattement a été employé pour diminuer la pression sur le terrain, en avant de la courbe des poussées (*Voir* Pièce n° 2 des Annexes).

Il eût été imprudent de fouiller les deux tranchées à la fois; car si l'une des deux avait fléchi, l'autre aurait été compromise par l'instabilité du massif central. — Par deux tranchées le travail aurait duré plus longtemps qu'avec la cunette.

La construction du Tunnel à 20 mètres en contre-bas des propriétés riveraines est une véritable reprise en sous-œuvre de ces propriétés. — Or une reprise en sous-œuvre s'effectue toujours par parties et en bout (système de la cunette), et non pas d'une manière continue et en long (système des deux tranchées).

Malgré ces considérations, si les déblais de 1870-1871 n'avaient pas été effectués, je comprends qu'il aurait été possible de choisir le système des tranchées ; mais en présence de l'enlèvement de la partie supérieure du massif central, le système de la cunette s'imposait de lui-même ; il était le seul qui permît de conserver les propriétés riveraines. — Sur cette question, les conséquences de la faute fondamentale, de la faute commise par le choix du système d'attaque, ne peuvent plus nous être reprochées.

Page 12. — L'Entrepreneur avait intérêt à employer le système de la cunette. Plan automoteur. Ordres de service.

N'ayant pas à hésiter sur les moyens à employer pour commencer les travaux, nous n'avions pas de nouvelles conditions à imposer à l'entreprise ; c'eût été provoquer une crise et des retards semblables à ceux que nous subissons en ce moment. — Nous n'avions qu'à relever les attachements, suivant les faits accomplis, ils seront examinés et jugés au moment du décompte ; le cahier des charges est toujours là pour fixer les droits et les devoirs de chacun. — Le câble automoteur n'a jamais servi au bardage des matériaux ; un appareil semblable aurait du reste pu être installé dans chacune des deux tranchées.

Les ordres de service ont été donnés par écrit et décalqués sur un registre spécial.

Pages 12 et 13. — Escaliers de la rue de Gourdaine à la rue des Chapelains.

Dans cette partie du Tunnel, le profil en long approuvé ne comprend pas de boutique ayant 5 mètres de largeur ; j'ai conservé les largeurs prévues : 4 m, — 2 m. 50 ; la largeur des piliers a seule été modifiée pour faciliter la distribution des paliers et des marches de l'escalier.

Pages 13 et 14. — Escaliers de la rue des Chapelains à la rue des Chanoines.

C'est dans cette partie que nous avons dû élargir les piliers de 2 m 50 à 4 m 50 pour soutenir les paliers et supprimer les consoles figurées sur le profil en long du projet ; c'est aussi dans cette partie que les boutiques ont été commencées sur une largeur de 5 mètres, puis tracées suivant cette dimension sur toute la longueur de la cunette, à l'aide de règles continues sur lesquelles les piliers ont été dessinés avec de la peinture. — C'est en présence de ce tracé d'ensemble, de grandeur naturelle ; c'est en présence des mouvements qui s'accusaient de plus en plus dans la masse du côté gauche que nous avons pris la résolution d'augmenter la force des piliers en réduisant les boutiques à 4 m. La suite des travaux, les mouvements observés dans les maçonneries ont pleinement justifié cette mesure dont il nous était facile, dès l'origine, de prévoir les conséquences au point de vue financier.

L'harmonie du projet est aussi bien conservée par les boutiques de 4 mètres que par celle de 5 mètres ; au contraire, on voit de suite, en examinant le profil en long comparatif du sous-dossier, que les nouvelles proportions présentent aux regards un aspect au moins aussi satisfaisant que les anciennes.

Quant aux variations d'épaisseur des piliers, transversalement à la voie, elles ont dû s'effectuer en raison des vides laissés par les caves de l'ancien couvent des Sœurs d'Évron, et par la nécessité de donner sur nos murs un point d'appui aux fondations des propriétés riveraines.

Pages 14-15-16-17. — 4e *Section*. De la tête amont du Tunnel au pont du Rempart ; augmentation de largeur des piliers ; leur épaisseur est variable ; leur paroi est en surplomb du côté des terres.

Nécessairement et par les motifs qui précèdent, on retrouve dans cette partie l'augmentation de 1 mètre donnée aux piliers par le fait de la réduction des boutiques de 5 mètres à 4 mètres de largeur.

Un plan d'ensemble a tout d'abord été dressé pour établir l'épaisseur des piliers perpendiculairement à la voie ; mais en les exécutant au moyen des fouilles en éperon, la longueur de ces fouilles, et par suite les épaisseurs des piliers, ont dû être modifiées en raison des difficultés rencontrées, des vides causés par des caves dont la présence était inconnue, ainsi que par la nécessité de donner un point d'appui aux propriétés riveraines. — Les n°s 33, 34 et 37 ont rencontré des caves profondes, deux étages de caves au n° 34; au contraire, l'épaisseur du n° 46 a dû être réduite pour ne pas pénétrer sous la maison Leroy.

L'épaisseur des fonds de boutiques est régulièrement de 0^{m} 75 parce que ce travail a été effectué à ciel ouvert et en sous-œuvre, c'est une voûte à génératrice verticale se reposant sur les piliers. Si derrière les retombées de ces voûtes, on n'avait pas donné un excédant de largeur de 0^{m}50 aux piliers, la construction des fonds de boutiques aurait été impossible sans un boisage abandonné derrière la maçonnerie.

Le surplomb donné à la face des piliers appuyée sur les terres, résulte du fruit qu'il était indispensable de donner au boisage du pignon des fouilles en éperon.

Dans le cas du système d'attaque à deux tranchées, ce fruit des parois, nécessaire pour assurer le serrage des étais, aurait également donné lieu à des maçonneries en surplomb du côté des terres, non-seulement derrière les piliers, mais aussi derrière les boutiques.

Page 15. — Disposition dentelée de l'ensemble des murs du côté des terres.

Cette disposition résulte nécessairement du système d'attaque par cunette centrale et éperons; elle est excellente, les murs de fortification construits par Vauban en offrent de nombreux exemples (*Voir* les ouvrages de Belidor), — avec cette différence que les murs de fortification sont généralement construits avant le remblai, tandis que les murs du Tunnel sont bâtis au fond d'un déblai.

L'empattement de 1 mètre de saillie sur 1 mètre d'épaisseur placé en fondation sous les piliers, est de la plus haute importance : il consolide l'arête de renversement et diminue la charge sur le sol; lui seul nous permettra peut-être de ne pas exécuter les arcs renversés et de construire sans danger la galerie d'égoût du Tunnel.

Page 18. — Couronnement des boutiques entre le Tunnel et le pont du Rempart.

Tout fait espérer que le commerce de détail se localisera bien vite dans les évidements du Tunnel; des galeries intérieures les mettent en communication; ils seront drainés par l'égout; un carneau de fumée permettra le chauffage et la ventilation. — A Paris, en 1860, le chemin de fer de Vincennes a été construit sur un viaduc qui s'étend depuis la gare jusqu'au delà du boulevard Mazas en suivant l'avenue Daumesnil; lorsque M. l'Ingénieur Bassompierre terminait ce travail, je le voyais assez souvent à propos de la canalisation du bois de Vincennes que je faisais installer sous sa direction; alors on ne songeait guère à loger l'industrie ou le commerce sous les voûtes du chemin de Vincennes; le drainage et la ventilation n'étaient pas prévus; aujourd'hui la plupart des voûtes sont occupées, au grand avantage de l'avenue Daumesnil qui est ainsi animée sur les deux alignements. (On peut voir le dessin de ces boutiques dans les *Annales* d'Oppermann, année 1871, planches 53 et 54).

L'idée des boutiques étant admises, elles formeront chacune un corps de bâtiment avec ses lignes horizontales d'étages et de devantures. Au-dessus de ces lignes horizontales, un couronnement continu, incliné suivant la pente du Tunnel, produirait le plus singulier effet. — Dans les nouvelles rues de Paris où les maisons ont sensiblement la même hauteur, les lignes horizontales des couronnements donnent lieu, par suite de la pente longitudinale de la rue, à un gradin sur chaque ligne mitoyenne : au Tunnel ce sont les piliers qui forment les lignes mitoyennes.

Un couronnement incliné donnerait des angles aigus et obtus avec les arêtes de chaque pilier; lequel serait ainsi terminé par un entablement oblique. Enfin, la saillie de 0 m 35 de chaque pilastre, établie en prévision des denticules, rendrait fort difficile la pose d'un couronnement continu.

Pour établir ce dernier, il faudrait en outre effectuer des démolitions considérables de maçonneries neuves.

Page 18. — Face inclinée des piliers, côté des terres.

J'ai signalé plus haut les motifs qui m'ont imposé cette forme donnée aux piliers ; la même question est rappelée ci-après.

Page 19. — Murs de 10m 00 de l'axe pour remplacer les talus à 45°.

Même question rappelée plus loin.

Pages 19 et 20. — Détails de l'augmentation de 320,000 fr.

Ces chiffres sont la reproduction de ceux du projet ; voir mon rapport du 12 juin 1875 rappelé au commencement des présentes observations.

Page 20. — Un cas semblable s'est-il jamais présenté?

Le premier projet des réservoirs de Passy comprenait un seul étage de bassins ; les travaux devant s'élever à 450,000 fr. furent confiés à M. Gariel, entrepreneur à Paris, par un marché de gré à gré.

En cours d'exécution, le projet a été modifié trois ou quatre fois : cuve en tôle au-dessus du réservoir inférieur; maçonneries remplaçant la cuve en tôle; couverture en briques de l'un des réservoirs supérieurs, etc. De nouveaux projets furent donc dressés pendant la marche des travaux, ils s'élevaient à 740,000 fr. Enfin, le décompte définitif atteignit la somme de 820,645 fr. 13.

Et ceci n'a rien de surprenant dans les cas particuliers des réservoirs de Passy et du Tunnel. Les travaux de ce genre n'ayant pas de précédents, ils laissent une très-large part à l'imprévu.

Avant Passy, il n'y avait pas d'exemple de grands réservoirs, voûtés, à deux étages. — Passy a servi de type pour ceux qui ont été établis depuis à Gentilly, à Belleville, à Ménilmontant et à Montsouris. Ces derniers ont alors été construits d'un seul jet, sans passer par les transformations de Passy.

Pages 20 et 21. — La face des piliers inclinée du côté des terres.

J'ai déjà donné des explications sur les causes de cette disposition ; il est évident que si nous avions construit nos murs en rase campagne pour les remblayer ensuite, nous les aurions faits plus larges en bas qu'en haut ; c'est ainsi que nous avons procédé pour le mur du quai de la rive gauche auquel j'ai appliqué le système d'empattement employé à Passy. (*Voir* l'Annexe n° 2.)

Mais nos piliers du Tunnel, tout en étant plus larges en haut qu'en bas, sont parfaitement stables, ainsi qu'il est justifié par la courbe des pressions jointe au dossier du 9 avril dernier. — Si le centre de gravité est relevé, il est reporté en arrière. Les murs ainsi couchés sur le sol qu'ils ont à soutenir ne sont pas sans exemples, surtout dans les travaux en déblais comme le Tunnel où les fouilles doivent avoir du fruit. Les égouts de Paris, le chemin de ceinture, le canal Saint-Martin ont des murs de soutènement inclinés ou en ressauts sur le sol.

Page 21. — Les difficultés à vaincre ont été produites par la tranchée centrale. Remblais pour éviter le surplomb des murs.

J'ai fait voir plus haut que l'attaque par une tranchée centrale ou cunette était la seule possible ; ce n'est donc pas à cette cunette qu'il faut attribuer la nécessité de donner du fruit aux pignons des éperons.

Nous avons essayé de monter à plomb la face des piliers opposée aux terres pour remblayer derrière entre des cloisons en maçonneries. Mais par ce moyen nous n'arrêtions pas le mouvement du coteau, et nous nous exposions à de graves accidents en venant fouiller l'emplacement des fonds de boutiques ; nous avons dû revenir à la maçonnerie en pleine fouille.

Les terrains riverains étant destinés à recevoir des constructions appuyées sur les petits murs à 10 mètres de l'axe, il fallait éviter des remblais qui auraient laissé ces terrains mobiles pendant de longues années.

Pages 21 et 22. — Petits murs à 10ᵐ de l'axe.

A propos des murs à 10 mètres de l'axe placés en arrière des piliers, j'ai cité l'exemple des réservoirs de Passy. (*Voir* Annexe n° 2.) Pour étudier les murs à deux étages de ces réservoirs, j'ai tracé un grand nombre de courbes des pressions suivant les indications de M. Belgrand ; le mur supérieur étant d'abord à plomb sur le mur inférieur, la courbe passait trop près de l'arête de renversement. M. Belgrand eut l'heureuse idée de placer le mur supérieur à 0 ^{m} 23 en surplomb et en arrière du mur inférieur. Ce simple déplacement reportant le centre de gravité en arrière, a de suite donné une meilleure direction à la courbe, et assuré la stabilité de l'ouvrage.

Page 22. — Comparaison du meunier et du baudet.

Dans l'épure des pressions jointe au dossier du 9 avril dernier, il est tenu compte des efforts supportés par le petit mur à 10 mètres de l'axe et de l'effort qu'il transmet au pilier. La résultante finale passe dans de très-bonnes conditions relativement au point d'appui sur le sol.

La comparaison du meunier sur son âne n'est donc pas juste. Car plus nous chargerons nos murs plus ils seront stables, surtout si nous les chargeons en arrière, puisque dans les calculs nous supposons toujours les 2/3 de la charge comme répartis entre la courbe des pressions et l'arête de renversement.

Les voûtes projetées pour les trottoirs ajouteraient encore à la stabilité des murs.

Pages 23 et 23 *bis*. — Démolition des murs à 10m de l'axe ; remplacements des trottoirs supérieurs par des talus herbés à 45°.

Il est impossible de démolir les murs à 10m de l'axe au droit des propriétés Boisseau, Nimier, Leroy, Bisson et Loiseau, parce qu'ils servent de point d'appui à ces propriétés.

La valeur des matériaux à provenir de la démolition de ces murs représenterait à peine les frais de démolition.

Il n'est pas nécessaire de recourir à ce moyen extrême pour s'assurer de la qualité des maçonneries ; le cas est prévu au cahier des charges, l'Administration peut ordonner des sondages quand bon lui semblera.

Page 23 *bis*. — Les talus à 45° et la rue du Pilier-Rouge.

Du côté de la rue du Pilier-Rouge, des caves profondes ayant fait disparaître le terrain naturel, il faudrait effectuer des remblais sous un angle qui ne pourrait pas se relever au-dessus de 45°.

Il n'est pas inconséquent de dire que les terres du Tunnel peuvent se tenir *en déblai* sous un angle de 35° ; tandis qu'en *remblai*, ces mêmes terres ne peuvent être employées que sous un angle de 45°.

Entre la balustrade et le pied du talus, il faudrait conserver un passage de 1m 50 au moins. — Grâce à un quart de cercle se raccordant avec la tête amont du Tunnel, la crête des talus à 45° serait tangente à l'alignement gauche de la rue du Pilier-Rouge. Mais comme les maisons du côté droit sont en saillie de 4m50 sur l'alignement, il en résulterait que le passage livré au public serait réduit à un étranglement de 3m 50 de largeur, à l'angle des rues du Pilier-Rouge et de la Grande-Rue.

Pages 24 et 25. — Extrait du rapport de M. Varennes, 12 juin 1875.

Pas d'observation à présenter.

Page 25. — M. Varennes avait pour la première fois la direction d'un grand travail.

De 1861 à 1866, j'ai dirigé les travaux d'installation et d'exploitation du service municipal des Eaux de Roubaix-Tourcoing (Nord) : 2,159,506 fr. 80 de dépenses ; sur ces travaux, comme sur ceux des réservoirs de Passy, je peux fournir les documents à l'appui.

Au commencement de 1875, j'ai refusé de poser ma candidature (laquelle m'était demandée avec recommandations toutes spéciales) pour la direction des travaux municipaux d'Orléans.

Page 25. — Pierres sur pierres accumulées avec profusion.

L'épure des pressions, les mouvements constatés dans le coteau, prouvent suffisamment que les dimensions des piliers et des murs n'ont rien d'exagéré.

Pages 25 et 26. — La poussée doit avoir une apparence diabolique malgré la bonté du terrain.

Le terrain du Tunnel n'est pas si facile que cela ; au niveau de la cunette il contient une couche de sable sec très-friable dont le boisage est excessivement difficile ; cette couche fendue par les tassements du vieux Tunnel, a été la cause de tous les éboulements.

Page 26. — Question de personnes.

Pas d'observation à présenter.

Page 27. — Question de personnes.

Pas d'observation à présenter.

Page 27. — Le vieux Tunnel est la cause principale des difficultés rencontrées ; la tranchée centrale le rencontre. Les tranchées latérales l'évitent. Mais ce que ne dit pas M. Varennes, le point sur lequel je vais essayer de jeter quelque lumière, etc.

Si le Tunnel est une œuvre exceptionnellement difficile, il ne faut pas être étonné par les difficultés rencontrées ni par les dépenses imprévues.

Mon rapport du 12 juin 1875 n'avait pas d'excuse à chercher, il devait être l'exposé sincère des faits observés pendant la marche des travaux.

Quant au mode d'attaque par une cunette centrale, je crois que la lumière est suffisamment apportée sur ce point par l'examen des profils dont j'ai parlé au commencement de ces observations (Pièce n° 1 des Annexes).

Le vieux Tunnel, par sa position entre la tranchée de gauche et la cunette, aurait été beaucoup plus gênant pour la tranchée que pour la cunette.

Pages 28 et 29. — Systèmes de boisages dans les mines.

Pas d'observation à présenter. Si ce n'est qu'en opérant à ciel ouvert, il faut un fruit aux parements des fouilles pour opérer le serrage des étais.

Page 29. — En plaçant la tranchée centrale de manière à rencontrer le vieux Tunnel, etc.

J'ai déjà fait observer que la cunette centrale était un système imposé par les déblais effectués en 1870-1871, et que sa position par rapport au vieux Tunnel était préférable à celle de la tranchée de gauche.

Page 30. — Acquérir les maisons avant les lézardes.

Il serait difficile de désigner les propriétés à acquérir pour cause de dommages, avant que ces dommages se fussent manifestés.

La propriété Boisseau, du côté du Tunnel, n'est pas consolidée par le mur romain.

Page 30. — Si au lieu de placer aussi imprudemment la tranchée, etc.

Question déjà examinée.

Page 30. — Or, il s'est à peine produit des mouvements du côté droit.

Page 31. — Le terrain est le même à droite qu'à gauche.

Le côté droit a présenté moins d'accidents que le côté gauche pour plusieurs raisons : éloignement du vieux Tunnel ; les couches du terrain sont légèrement inclinées de gauche à droite ; la profondeur de fouille est quelquefois moindre à droite qu'à gauche ; le terrain n'a été reconnu un peu humide que du côté gauche, entre le Tunnel et le Rempart.

Page 31. — La première faute, légère en apparence, celle d'avoir laissé exécuter la tranchée centrale, etc.

L'attaque par une cunette centrale était la seule possible en présence des travaux déjà exécutés ; après les premiers déblais de 1870-1871, M. l'Ingénieur, directeur de notre service, proposait de continuer les travaux par l'ouverture d'une tranchée provisoire ; le 17 mai 1872, l'honorable ingénieur renouvelait la même proposition avec les remarques suivantes, consignées dans le rapport :

. . . .

« Dans cette situation, pour continuer l'ouverture de la rue du Tunnel on se « trouve en présence de deux solutions :

« La première consisterait à commencer immédiatement la construction des « murs de soutènement et piédroits du Tunnel, à édifier la voûte, et enfin à « effectuer le déblai jusqu'au niveau définitif de la chaussée, c'est-à-dire, à « exécuter complétement le travail tel qu'il a été prévu.

« La seconde consisterait à commencer les travaux par les terrassements, pour « exécuter ultérieurement la construction des murs de soutènement en maçonnerie « et des ponts.

« La première de ces deux solutions était celle qu'on avait prévue à l'origine, « c'était la plus rationnelle avant qu'on ait rien entrepris.

« La seconde paraît être la meilleure aujourd'hui, à cause de l'état actuel résul- « tant des travaux récemment exécutés. — On ne pourrait plus en effet construire « les murs par puits et les voûtes sur terre comme on l'avait projeté d'abord. — Il « est par ce motif beaucoup plus simple de profiter des déblais qu'on a faits, de les « approfondir pour construire les murs par parties au moyen d'ouvertures de peu « de largeur successivement pratiquées dans les talus. »

Page 32. — Une première faute commise : la tranchée centrale, son aspect séduisant, la tranchée centrale reconnue mauvaise, revenir aux tranchées latérales. L'entrepreneur demande l'augmentation du cube des maçonneries.

Je pense qu'il est suffisamment démontré que la cunette était le seul moyen d'attaque possible, rapide et économique ; l'aspect général si séduisant qu'il donnait aux chantiers, s'accorderait difficilement avec un système défectueux.

Quant à revenir aux tranchées latérales après avoir ouvert la cunette centrale, cela était matériellement impossible.

L'entrepreneur n'a jamais sollicité plus ou moins directement que les cubes de maçonneries fussent augmentés ; bien au contraire, dès l'origine du travail, il nous présentait des objections nombreuses sur la possibilité de se procurer la masse énorme de moellons nécessaires aux travaux primitivement prévus.

Page 33. — Le cube des maçonneries est effrayant.

Le cube des maçonneries du Tunnel n'a rien d'effrayant en raison de l'importance de l'ouvrage, il atteindra 24,000 mètres ; aux réservoirs de Passy, le cube des maçonneries est de 21,645 mètres. — Ces cubes comparés à la masse totale des ouvrages, plein et vide, donnent les résultats suivants :

$$\text{Tunnel} = \frac{24{,}000^{m^3}}{200^m \times 20^m \times 15^m} = 2^m 50$$

$$\text{Passy} = \frac{21{,}645^{m^3}}{110^m \times 60^m \times 8^m} = 2^m 40$$

Page. 34. — On a légèrement laissé l'Entrepreneur ouvrir la cunette centrale 420,000 fr. d'augmentation, dont 300,000 fr. en pure perte.

La cunette centrale étant le seul procédé possible ; avec des tranchées latérales, les 100,000 fr. de dommages aux propriétés auraient été presque doublés; les 320,000 de travaux supplémentaires comprennent 220,000 fr. qui seraient résultés de l'exécution rigoureuse du projet approuvé (Rapport du 12 juin 1875).

Page 35. — Travaux restant à exécuter.
Page 36. — Tunnel proprement dit.

Les difficultés de toutes natures contre lesquelles on est venu se heurter ne sont pas le résultat d'une faute (la cunette centrale), puisqu'il n'était pas possible d'attaquer le travail autrement. Le terrain est fort mauvais au niveau de la cunette par la présence d'une couche de sable friable de 2^m d'épaisseur.

Page 37. — Surveillance des mortiers.

Cette surveillance a été sérieusement organisée ; consulter le personnel à ce sujet.

Page 37. — Détail d'exécution pour la fouille des piédroits du Tunnel.

Les avantages de ce système d'attaque des éperons ne sont qu'apparents, l'empattement qu'il est indispensable d'établir sous les piliers pour éviter ou buter les arcs renversés nous met dans la nécessité d'ouvrir l'éperon sur une largeur de 4 mètres à la base à partir de 4 mètres de l'axe du Tunnel ; avec le fruit qu'il est nécessaire de donner aux fouilles, la longueur de l'ouverture de l'éperon sur 2 mètres de largeur ne serait que de $1^m 50$. Cette disposition donnerait des angles saillants et rentrants dont les avantages ne compenseraient pas le faible déblai sous boisage économisé.

Les boutiques sont à conserver sous la voûte du Tunnel comme elles existent dans la partie à ciel ouvert. Elles sont la vie future de la nouvelle voie en cours d'exécution.

Page 37. — Trottoirs supérieurs.

Ils sont à conserver, parce qu'ils correspondent à un besoin réel de la circulation. Ils seront un débouché direct entre le square de la Grande-Rue et les remblais projetés sur la place des Jacobins.

Le triangle formé par les trottoirs se présente dans tous les monuments renfermant des rampes ou des escaliers qui se replient sur eux-mêmes. La couleur sombre de la brique ferait complétement disparaître l'effet signalé comme disgracieux.

Les murs déjà construits à 10 mètres de l'axe sont disposés pour servir de fondation aux maisons riveraines. Il suffit d'examiner les profils en travers du projet pour observer que ces maisons riveraines ne seraient visibles du fond du Tunnel qu'en se plaçant sur le trottoir opposé ; un même spectateur, placé sur la chaussée inférieure, ne pourra donc pas voir à la fois les deux rangs de maisons.

Page 38. — Revendre aux riverains les 400m de surface pour les trottoirs projetés.

Cette idée est en désaccord avec celle des squares proposés sur le talus à 45°. Ce serait concéder aux propriétaires riverains du Tunnel un privilége au détriment du public qui a intérêt à pouvoir parcourir le monument sur toute sa longueur au sommet comme à la base.

Il serait en outre assez singulier d'amener les propriétés privées au-dessus des murs de soutènement d'un ouvrage appartenant à la Ville; dans les cas de travaux ou de modifications ultérieurs, il faudrait alors exproprier ou indemniser les propriétaires ainsi favorisés.

L'exemple des gares de l'Est et des Batignolles cité en faveur du fort bandeau continu, n'est pas exact pour plusieurs raisons : d'abord les chemins de fer ne sont pas des voies publiques comme la chaussée inférieure du Tunnel ; ensuite les murs de soutènement qui les bordent n'ont pas de piliers en saillie qui nécessitent des chapiteaux ; enfin les voies ferrées n'ayant pas la forte pente de la chaussée du Tunnel, les couronnements en forts bandeaux peuvent être placés à peu près de niveau.

En ce qui concerne l'écoulement des eaux supérieures, il est assuré dans tout le parcours du Tunnel par des tuyaux de descente noyés dans la hauteur de chaque pilier ; le drainage et la ventilation des boutiques sont prévus.

Les trottoirs étant estimés 40,000 fr., pour les comparer financièrement avec les squares, il est juste de prévoir que ces derniers, proposés à leur place sur des talus à 45° avec grilles de clôture et soubassements en pierre, coûteront assez cher à établir. Si on capitalise les frais d'entretien des squares, et si on ajoute à ces sommes la valeur des murs à démolir et celle des 600 mètres de terrains non rétrocédés, on obtient un chiffre très-voisin des 40,000 fr. susdésignés, pour une solution qui est loin de satisfaire aux exigences de la circulation et de la beauté du travail, comme les trottoirs dont le principe est déjà accepté par l'Administration.

Page 39. — Les trottoirs ont été créés pour masquer les murs à 10m de l'axe.

Les projets des murs à 10m de l'axe et des trottoirs ne pouvaient pas exister l'un sans l'autre; c'est le 15 avril 1874 qu'un premier mur à 10m de l'axe a été construit devant la propriété Criloux; et dès le 5 mai suivant, l'idée des trottoirs était assez répandue pour qu'une réserve fût faite à leur égard dans le traité passé avec Mme Boisseau pour l'occupation d'une partie de la cour de sa propriété.

Page 39. — Débouché de la rue du Doyenné.

J'ai proposé ce débouché.

Page 40. — Squares sur les talus à 45°.

Ces squares empêcheraient l'établissement des trottoirs supérieurs et par conséquent seraient un obstacle à la circulation. Leurs frais d'entretien seraient onéreux ; ils priveraient la Ville du bénéfice de la rétrocession de plus de 600 mètres carrés de terrain. L'établissement d'allées dans ces squares ne serait possible qu'à la condition d'augmenter ou la pente des talus à 45° ou la limite de leur emprise sur les rues du Pilier-Rouge et du Doyenné prolongée ; ces allées ne sont du reste qu'une variante des trottoirs et presque une justification de leur utilité.

Page 40. — Arcs renversés sous la chaussée du Tunnel.

L'idée des arcs renversés m'a été donnée par un ingénieur, je les ai compris dans le projet de 320,000 fr. pour éviter l'imprévu autant que possible, mais je n'ai jamais perdu l'espoir de pouvoir les supprimer.

Page 41. — Résumé. 1° Couronnement continu entre le Tunnel et le Rempart.

J'ai rappelé plus haut tous les désavantages de ce couronnement en pente au-dessus des lignes horizontales des boutiques, ainsi que l'impossibilité de le raccorder convenablement avec les lignes verticales et la saillie de 0^m35 des piliers, saillie établie en prévision des denticules ; ces denticules sont le seul motif d'ornementation simple et sévère employé au Tunnel, il se repète sur les têtes de la grande voûte et du pont du Rempart.

2° Trottoirs supérieurs.

L'utilité des trottoirs supérieurs me semble suffisamment démontrée ; seuls ils peuvent permettre d'améliorer le mauvais effet des maisons Boisseau, Bigot, Nimier, Leroy, Bisson et Loiseau, en leur permettant d'établir des façades avec jours et sorties sur l'alignement à 10^m de l'axe du Tunnel.

3° Démolition des murs à 10^m de l'axe.

Ces murs, comme les trottoirs, ajoutent à la stabilité des ouvrages du Tunnel (*Voir* la courbe des pressions) ; plus on augmente le poids des murs, plus on augmente les composantes verticales de la courbe des pressions, et par conséquent plus on l'éloigne de l'arête de renversement ; cette question se rattache à la précédente.

4° Suppression des boutiques du Tunnel. Elargissement des piliers.

En conservant les boutiques de la partie à ciel ouvert, il n'est pas possible de supprimer celles de la partie voûtée ; ce serait amener un point noir là où la lumière est le plus nécessaire. Les quarante boutiques du Tunnel seront rapidement transformées en comptoirs de vente, elles donneront certainement un revenu qui ne sera pas à dédaigner et dont l'importance viendra s'ajouter aux avantages que la Ville recueillera du mouvement apporté par elles dans la nouvelle voie.

On a installé des boutiques dans le Tunnel qui passe sous la Tamise, à Londres ; pourquoi donc ne pas admettre celles qui sont projetées au Mans dans de bien meilleures conditions? L'industrie ou le commerce qui sont nés dans un quartier ne l'abandonnent jamais, nous pouvons donc supposer avec beaucoup de certitude que les marchands de curiosités de la Grande-Rue, viendront presque tous demander à ouvrir des vitrines dans les évidements du Tunnel. La largeur des piliers en granit, sous le Tunnel, doit rester semblable à celles des piliers compris entre le Rempart et la tête amont; si cette largeur est augmentée sous les escaliers, entre la tête aval et la rue des Chapelains, cela tient à la largeur des paliers auxquels il fallait donner un point d'appui.

5° Achever les escaliers comme ils sont commencés.

Pas d'observation à présenter.

6° Raccordement de la rue du Doyenné.

Pas d'observation à présenter.

7° Arcs renversés.

Pas d'observation à présenter.

Fait au Mans, le 27 *juillet* 1875.

Eug. VARENNES.

Le Mans. — Ed. Monnoyer, imprimeur de la Mairie. — Août 1875.

ANNEXES

Annexe N° 1.

Profil N° 5. (Piquet 181m,40) Entre la rue du Rempart et la Grande Rue.

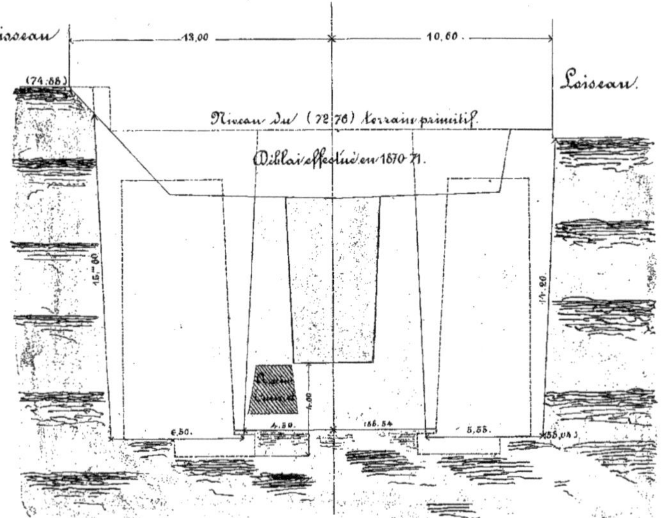

Profil N° 12 (Piquet 277,30) Entre la rue de Chanoines et la rue des Chapelains.

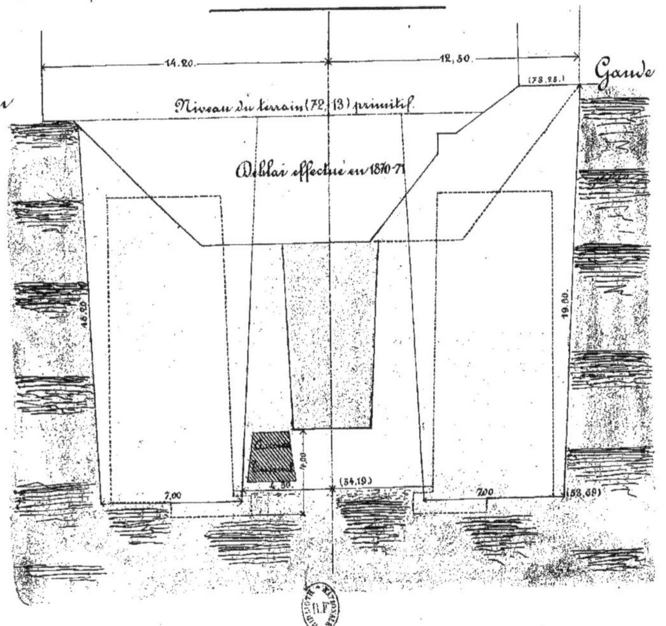

Annexe N° 2

Réservoirs de Passy.

Profil des murs de pourtour.

Non exécuté.

La courbe des pressions est trop près de l'arête de renversement.

Exécuté.

Le mur supérieur étant reculé de $0^{m},23$ en porte à faux sur le mur inférieur, la courbe des pressions est suffisamment éloignée de l'arête de renversement.

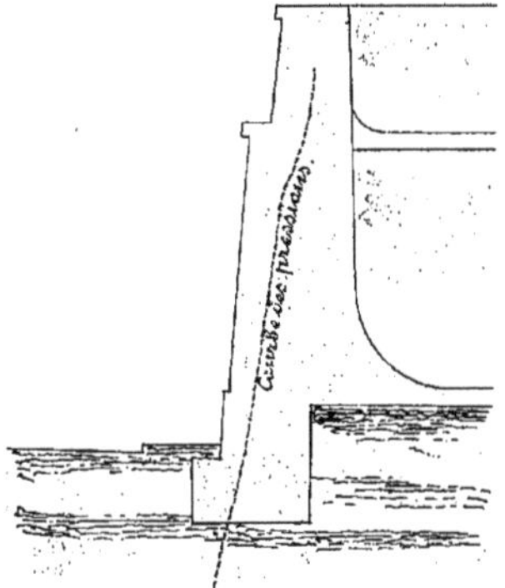

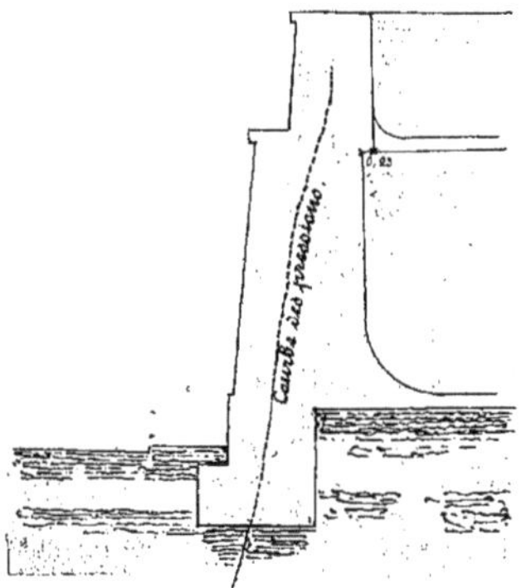

Profil du mur du quai de la rive gauche de la Sarthe.

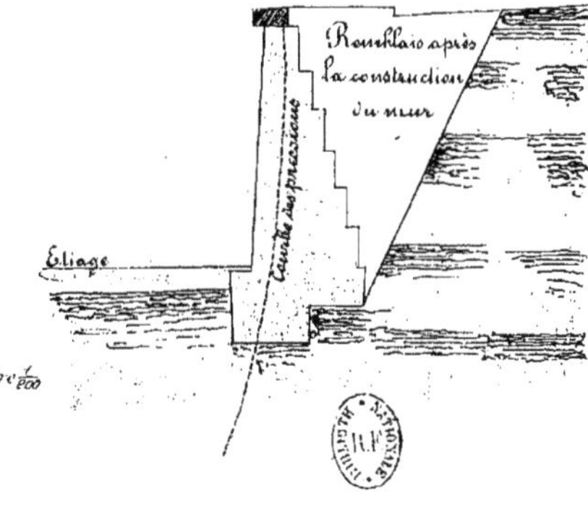

Echelle de $0^{m},005$ pour 1 mètre $\frac{1}{200}$

Annexe n° 3

ROUTE NATIONALE N° 157

RUE DU TUNNEL

EXÉCUTION D'UNE PORTION DES TERRASSEMENTS

RAPPORT

Les terrassements adjugés le 25 octobre dernier à MM. Lemaitre et Malfont (2e et 3e lot), seront prochainement terminés ; ils sont figurés par une teinte grise sur le profil en long et les profils en travers joints au présent rapport.

Dans cette situation, pour continuer l'ouverture de la rue du Tunnel, on sera bientôt en présence de deux solutions :

La première consisterait à commencer immédiatement la construction des murs de soutènement et piédroits du Tunnel, à édifier la voûte, et enfin à effectuer le déblai jusqu'au niveau définitif de la chaussée ; c'est-à-dire à exécuter complétement le travail tel qu'il a été prévu.

La seconde consisterait à limiter les travaux aux *seuls terrassements* qui ne nécessitent pas la construction de murs de soutènement en maçonnerie ; ce serait l'exécution partielle du travail réduit à une portion des terrassements prévus.

Nous n'avons point à préjuger des intentions du Conseil municipal de la ville du Mans, en ce qui concerne l'exécution du travail projeté ; mais en prévision d'une suspension que les circonstances et les difficultés financières créées par les derniers événements peuvent justifier, nous avons étudié la deuxième solution indiquée ci-dessus, et dont l'objet est d'exécuter une *partie des travaux prévus de la rue du Tunnel*, de manière à établir une communication provisoire et à ouvrir utilement un chantier de terrassements dans la ville du Mans.

Pour limiter le travail à des terrassements, nous avons réduit le déblai au minimum de profondeur et de largeur, de manière à rester dans les limites de terrains acquis, en ayant des talus suffisamment inclinés et en conservant une banquette de 2 mètres au sommet de ces talus ; la profondeur est indiquée par la limite inférieure de la teinte jaune du profil en long, le plafond de la tranchée provisoire serait réglé suivant deux pentes de $11^{m}/^{m}$ et $100^{m}/^{m}$ réunies par un raccordement de 20 mètres de longueur ; la pente de $11^{m}/^{m}$ est à plein jalon entre les rues de Tessé et des Chapelains ; la coupure du coteau serait tout d'abord commencée par l'établissement de cette communication, puis si les terrains présentent la résistance que l'étude géologique de la localité nous fait espérer, on établirait la jonction avec le Pont-Yssoir par la pente de $100^{m}/^{m}$; ainsi que l'indique le profil. La longueur de cette dernière partie à forte pente n'est que de 96 mètres.

Afin de laisser aux talus toute l'inclinaison que la limite des propriétés riveraines permet de leur donner, la largeur au plafond serait réduite à 5 mètres et les talus réglés en surfaces gauches jusqu'à 2 mètres des riverains, ainsi qu'il est indiqué sur les profils en travers.

Provisoirement cette voie de 5 mètres de largeur ne sera ni pavée, ni empierrée, elle ne servira qu'aux piétons ; le fond de sable qu'on est certain d'y rencontrer permettra de se dispenser provisoirement de tout autre travail ; et, en tous cas, s'il était reconnu nécessaire, à cause de l'usage que le public en ferait, ce qui prouverait l'utilité du travail, de rendre le sol plus résistant au moyen d'une petite couche de pierres cassées, la dépense correspondant à l'emploi de 300 mètres cubes de matériaux environ, serait peu élevée.

Le seul travail provisoire qu'il est indispensable de projeter, et que l'exécution en grand du Tunnel n'aurait du reste pas permis d'éviter complétement, c'est l'établissement de trois passerelles en charpente destinées à maintenir la communication entre les deux rives de la tranchée, au droit des rues du Rempart, de la Grande-Rue et de la rue des Chanoines (une seule passerelle pour ces deux rues), et de la rue des Chapelains.

En résumé, le projet que nous avons l'honneur de présenter fait partie intégrante du projet d'ensemble approuvé et ne modifiera en rien les travaux qui devront le compléter ; la dépense sera maintenue dans les limites de :

Terrassements :	32,000 fr.	
Passerelles :	15,000	55,000 fr.
Somme à valoir :	8,000	

En supposant même que tout compte fait, elle puisse s'élever jusqu'à 60,000 fr., elle aura ce double avantage, d'ouvrir immédiatement, pour les piétons au moins, la communication depuis si longtemps attendue, et en même temps d'établir dans l'intérêt des ouvriers de la Ville, un chantier de terrassements où ils trouveront de l'ouvrage.

La Ville, avec ce double objet, fera une dépense utile sous tous les rapports.

Dressé par l'Ingénieur des Ponts et Chaussées soussigné :

Le Mans, le 17 *juillet* 1871.

E. CAILLAUX.

Annexe n° 4

Le Mans, 17 mai 1872.

MONSIEUR LE MAIRE,

J'ai l'honneur de vous adresser, ci-joint, mon rapport sur le projet de continuation des terrassements du Tunnel.

Veuillez agréer, Monsieur le Maire, l'expression de mes sentiments les plus distingués et dévoués.

L'Ingénieur,

Pour l'Ingénieur absent et par autorisation,

Le Chef de bureau,

EUG. VARENNES.

Monsieur le Maire de la ville du Mans.

Annexe n° 5

RAPPORT DE L'INGÉNIEUR

Les terrassements adjugés le 25 octobre 1870 à MM. Lemaître et Malfont (2e et 3e lot) sont terminés ; ils sont figurés par une teinte grise sur le profil en long et les profils en travers joints au présent rapport.

Dans cette situation, pour continuer l'ouverture de la rue du Tunnel, on se trouve en présence de deux solutions :

La première consisterait à commencer immédiatement la construction des murs de soutènement et piédroits du Tunnel, à édifier la voûte, et enfin à effectuer le déblai jusqu'au niveau définitif de la chaussée ; c'est-à-dire à exécuter complétement le travail tel qu'il a été prévu.

La seconde consisterait à commencer immédiatement la construction des murs de soutènement et piédroits du Tunnel, à édifier la voûte, et enfin à effectuer le déblai jusqu'au niveau définitif de la chaussée ; c'est-à-dire à exécuter complétement le travail tel qu'il a été prévu.

La seconde consisterait à commencer les travaux par les terrassements pour exécuter ultérieurement la construction des murs de soutènement en maçonnerie et des ponts.

La première de ces deux solutions était celle qu'on avait prévue à l'origine, c'était la plus rationnelle avant qu'on ait rien entrepris.

La seconde paraît être la meilleure aujourd'hui à cause de l'état actuel résultant des travaux récemment exécutés. On ne pourrait plus en effet construire les murs par puits et les voûtes sur terre comme on l'avait projeté d'abord.

Il est par ce motif beaucoup plus simple de profiter des déblais qu'on a faits et de les approfondir pour construire les murs par parties au moyen d'ouvertures de peu de largeur successivement pratiquées dans les talus.

Cet approfondissement utile aurait d'ailleurs l'avantage de n'engager les dépenses que par portion, de permettre d'exécuter cette année des terrassements, en remettant à l'année suivante les travaux de maçonnerie.

Pour limiter ainsi le travail à des terrassements, nous avons réduit le déblai au minimum de profondeur et de largeur, de manière à rester dans les limites des terrains acquis, en ayant des talus suffisamment inclinés et en conservant une banquette de 2 m au sommet de ces talus; la profondeur est indiquée par la limite inférieure de la teinte jaune du profil en long, le plafond de la tranchée provisoire serait réglé suivant deux pentes de 11m/m et 100m/m réunies par un raccordement de 20m de longueur; la pente de 11m/m est à plein jalon entre les rues de Tessé et des Chapelains. La coupure du coteau serait tout d'abord commencée par l'établissement de cette communication, puis on établirait ensuite la jonction avec le Pont-Yssoir par la pente de 100m/m, ainsi que l'indique le profil. La longueur de cette dernière partie à forte pente n'est que de 96m.

Afin de laisser aux talus toute l'inclinaison que la limite des propriétés riveraines permet de leur donner, la largeur au plafond serait réduite à 5m et les talus réglés en surfaces gauches jusqu'à 2m des riverains, ainsi qu'il est indiqué sur les profils en travers.

Cette ouverture de 5m de largeur au plafond, qui est destinée d'abord à servir à l'exécution des travaux définitifs pourra provisoirement servir au passage des piétons.

Le seul travail provisoire qu'il sera indispensable de projeter et que l'exécution en grand du Tunnel n'aurait du reste pas permis d'éviter complétement, c'est l'établissement de trois passerelles en charpente destinées à maintenir la communication entre les deux rives de la tranchée, au droit des rues du Rempart, de la Grande-Rue et de la rue des Chanoines (une seule passerelle pour ces deux rues), et de la rue des Chapelains.

En résumé, le projet que nous avons l'honneur de présenter fait partie intégrante du projet d'ensemble approuvé, et ne modifiera en rien les travaux qui devront le compléter ; la dépense sera maintenue dans les limites de :

Terrassements............	32,000 fr.	55,000 fr.
Passerelles...............	15,000	
Somme à valoir...........	8,000	

Dressé par l'Ingénieur des Ponts et Chaussées soussigné,

Le Mans, le 17 juillet 1871.

Pour l'Ingénieur absent et par autorisation,

Le Chef de bureau,

EUG. VARENNES.

Le Mans. — ED. MONNOYER, Imprimeur de la Mairie. — Août 1875.

www.ingramcontent.com/pod-product-compliance
Ingram Content Group UK Ltd.
Pitfield, Milton Keynes, MK11 3LW, UK
UKHW012120240726
13965UKWH00005B/1874